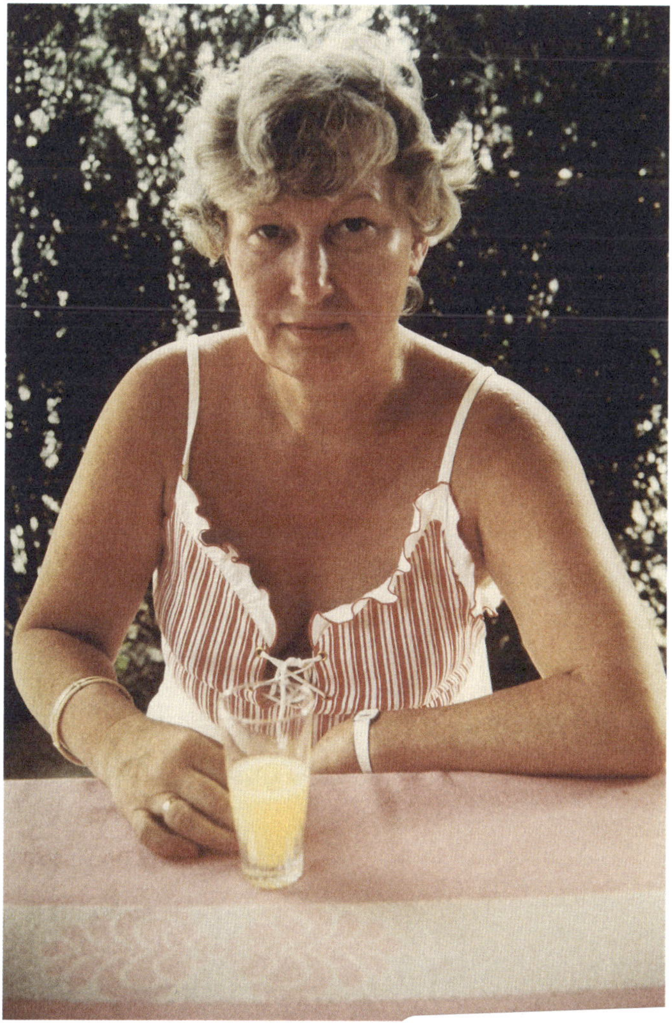

AF473849

Gerti

Die Fotografien dieses Buches entstammen dem umfangreichen Bildarchiv von Eugen Gerbert (1923–1995). Gerbert war dreizehn Jahre alt, als sein Vater plötzlich starb und er zur Sicherung des Familienunterhalts eine Lehre bei der Bahn antreten musste. 1942 wurde er eingezogen und zweimal verwundet, überlebte aber mit viel Glück. Sein jüngerer Bruder fiel. Nach dem Krieg nahm er seine Arbeit bei der Bahn wieder auf. 1952 lernte er Gerti (1931–2017) kennen, 1954 heirateten sie. Gerti wurde nicht nur seine Frau und Mutter zweier Söhne, sondern auch Muse und Lieblingsmodell. Mit ihr konnte er seine Kreativität und fotografische Leidenschaft ausleben. Ab den frühen 1950er-Jahren fotografierte er seine Frau über Jahrzehnte hingebungsvoll. Bis zu seinem Tod entstanden neben den obligatorischen Familienfotografien zahllose Bilder von Gerti – in selbstgenähten Kleidern, in Unterwäsche, im Bikini oder nackt, unterwegs, am Strand, im Wald, im Auto oder zuhause. Vieles entstand spontan, anderes ist bewusst inszeniert. Die Lust am Fotografieren hörte nie auf. Auch noch in höherem Alter posierte eine gereifte Gerti leicht bekleidet am Strand. Der leidenschaftliche Amateurfotograf hinterließ bei seinem Tod ein wohlgeordnetes Bildarchiv mit zehntausenden von Negativen, Vergrößerungen und Dias, aber auch Aquarellen und umfangreichen biografischen Texten.
Normalerweise werden solche privaten Bildarchive nach dem Tode der Beteiligten vernichtet – nicht so in diesem Fall. Gerti Gerbert selbst entschied nach Eugens Tod, die Bilder öffentlich zu machen. Sie traf auf einer Kunstmesse Siegfried Sander, den Hamburger Galeristen und begeisterten Sammler fotografischer Nachlässe und vermachte ihm das Archiv ihres Mannes, um es vor dem Vergessen zu bewahren.
Die Publikation gibt einen ersten konzentrierten Einblick in die private Leidenschaft des Eugen Gerbert und erfüllt so Gertis Wunsch nach einer öffentlichen Wahrnehmung der Bilder ihres Mannes.

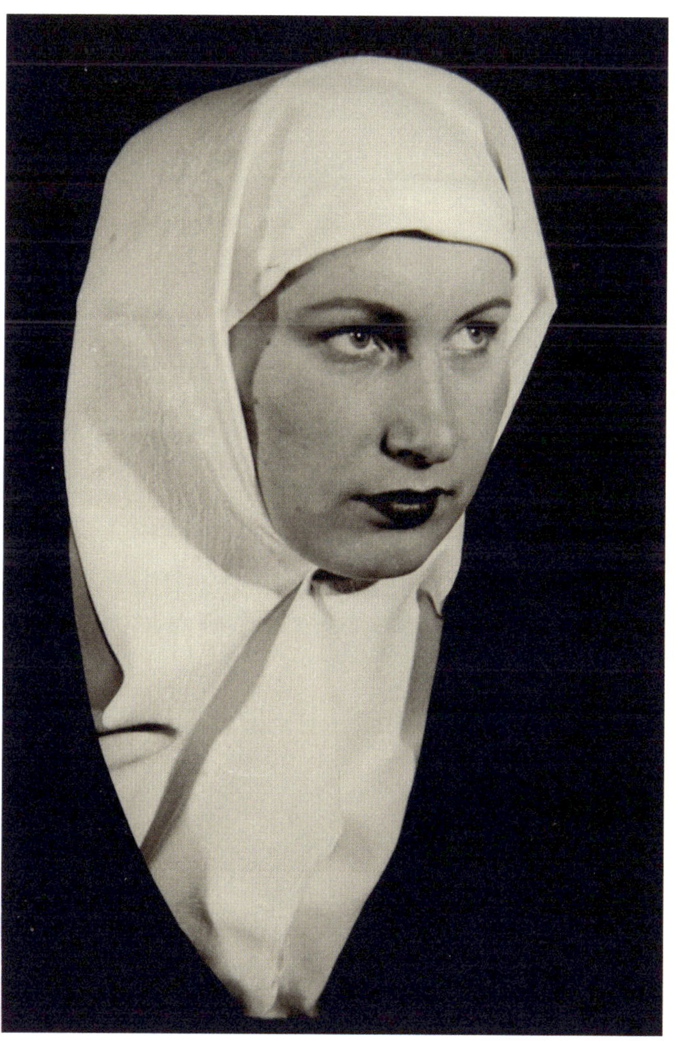

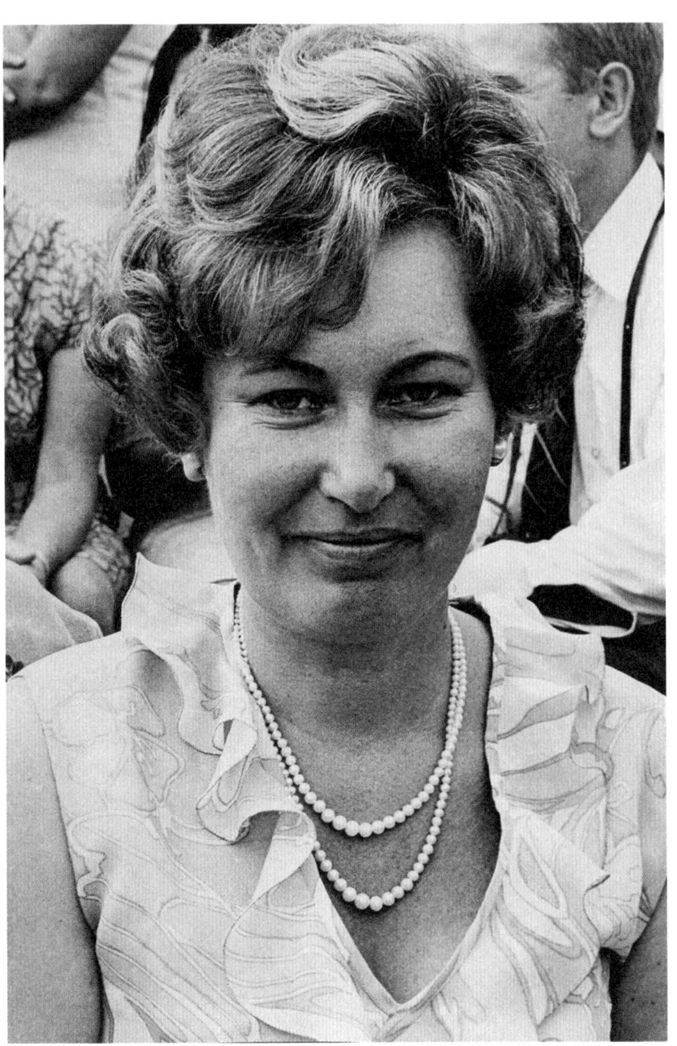

Gerti

The photographs in this book are from the extensive archives of Eugen Gerbert (1923–1995). Gerbert's father died when he was thirteen years old, and he was forced to begin an apprenticeship with Deutsche Bahn in order to support his family. In 1942 he was drafted, but although he was wounded twice, he survived the war. His younger brother was less fortunate. After the war Gerbert returned to his old job with the railroad. In 1952 he met his future wife, Gerti (1931–2017), and they married in 1954. Gerti was not only his wife and mother of two sons, but also his muse and favorite model. With her he was able to bring his creativity and passion for photography to fruition. Starting in the early 1950s he devotedly photographed his wife for decades. In addition to the obligatory family photographs he produced countless photographs of Gerti—in homemade dresses, in lingerie, wearing a bikini or naked, traveling, at the beach, in the forest, in their car, or at home—until his death. Many of the shots are spontaneous, while others are carefully staged. His enthusiasm for photography never abated. Even at a ripe age, a scantily dressed, mature Gerti can be seen posing on the beach. When he died, the passionate amateur photographer left behind a well-organized archive with tens of thousands of negatives, enlargements, and slides, but also watercolors and elaborate biographical texts. Normally private image archives of this sort are destroyed after the death of their maker—but not in this case. Gerti Gerbert decided to publish the photographs herself after Eugen's death. At an art fair she met Siegfried Sander, the Hamburg art dealer and passionate collector of photographic estates and bequeathed her husband's archives to him, to save them from being forgotten. This publication gives a first concentrated look at the private passion of Eugen Gerbert and fulfills Gerti's wish that her husband's photographs be shown publically.

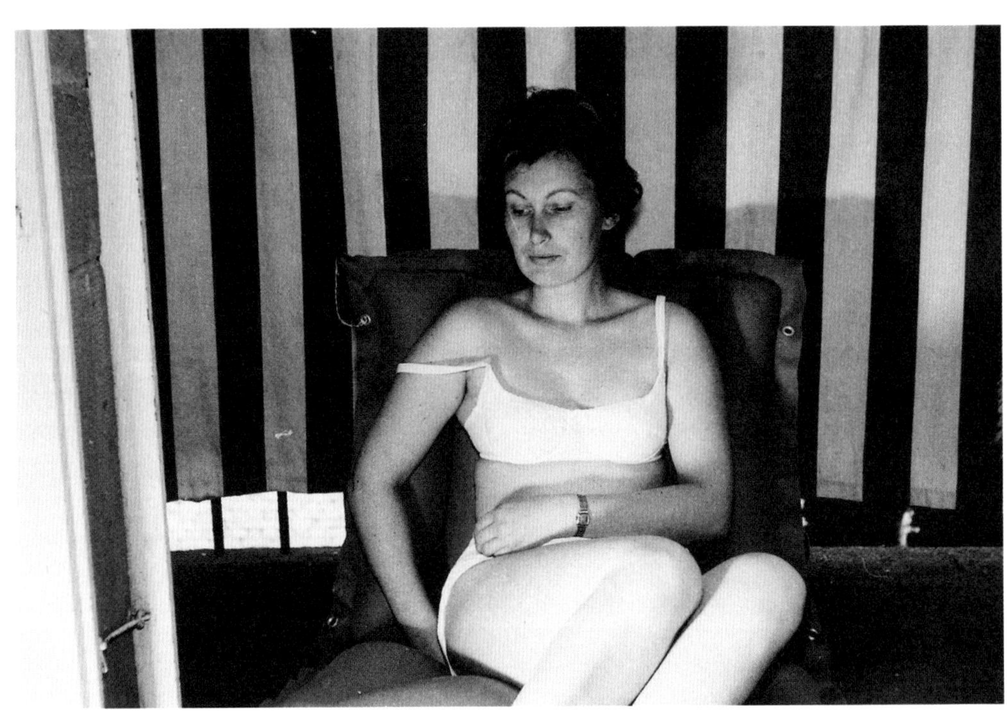

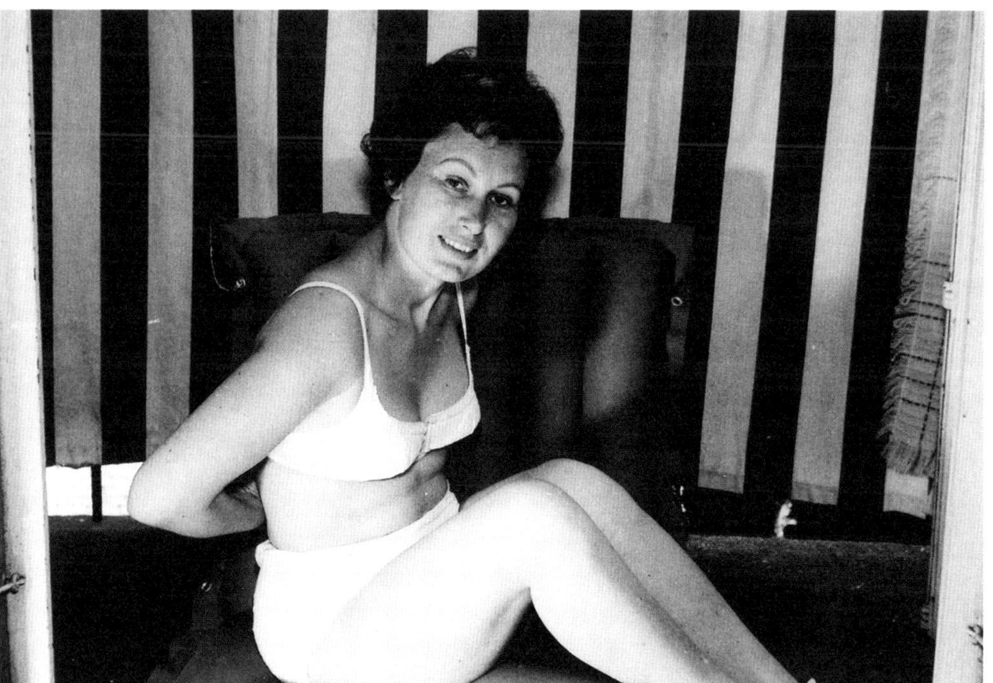

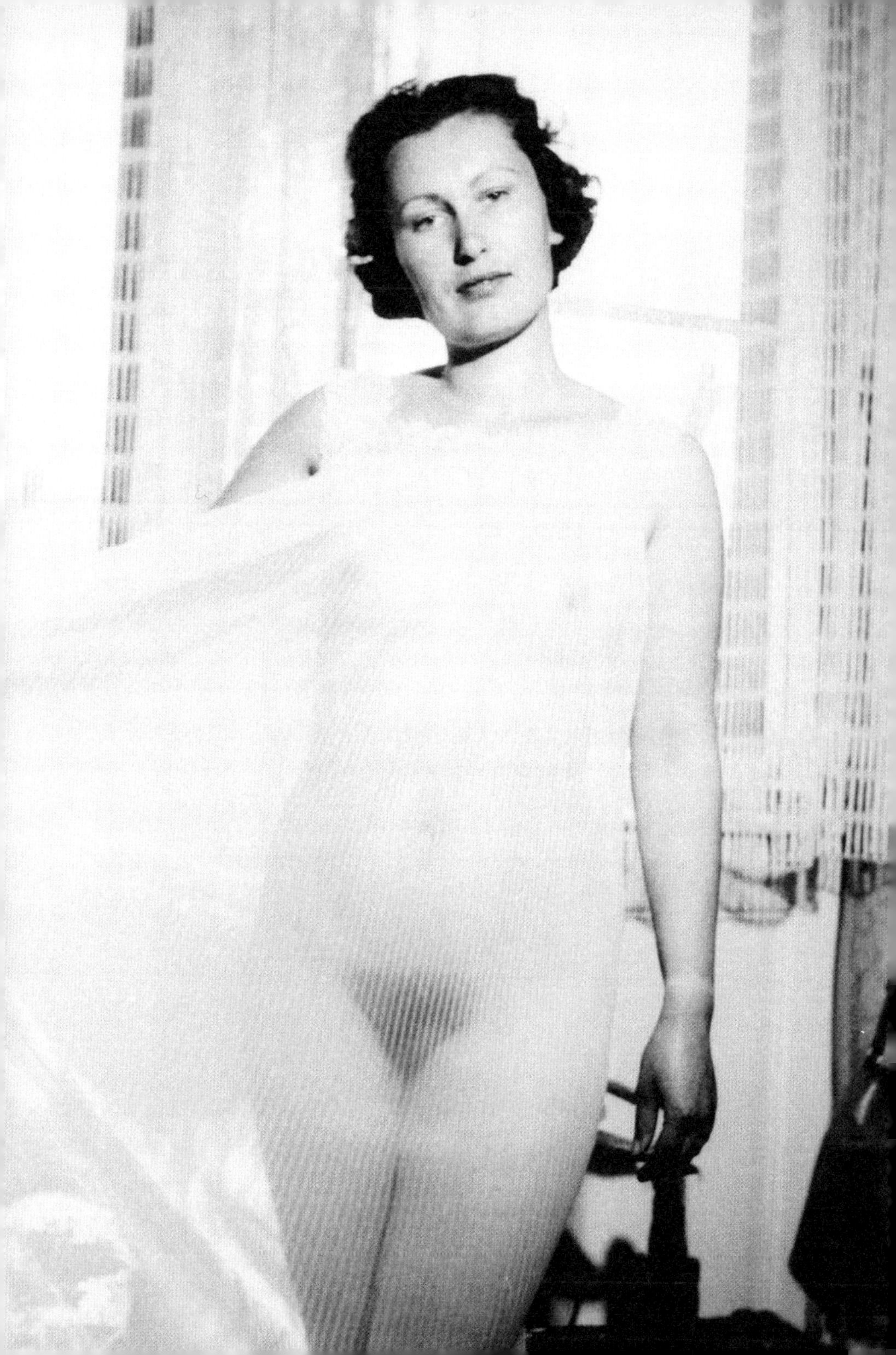

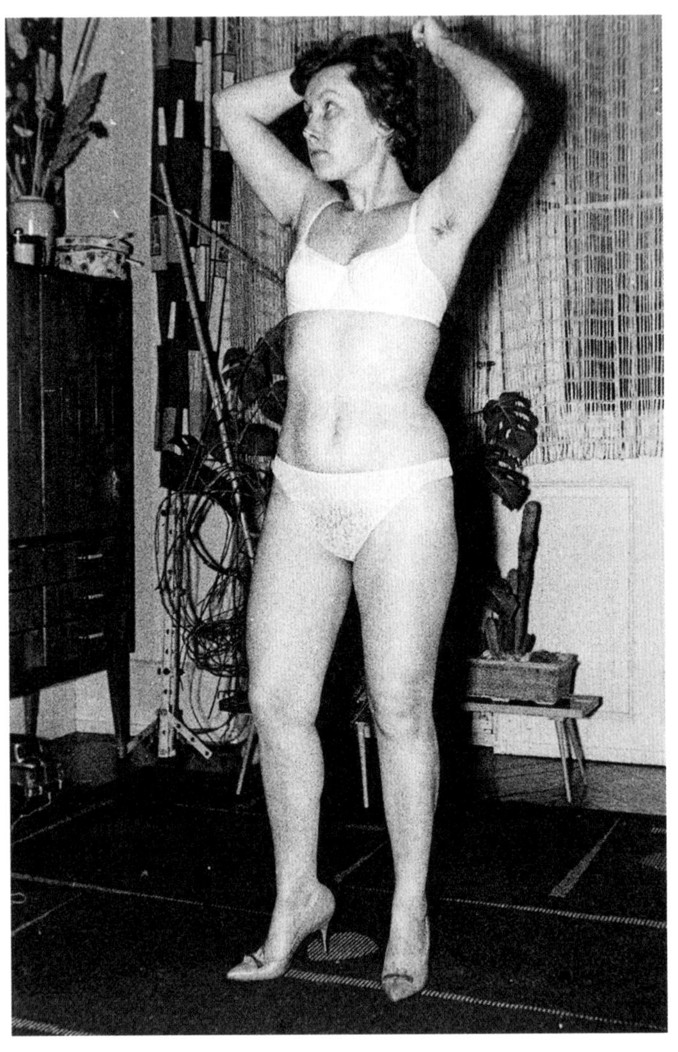

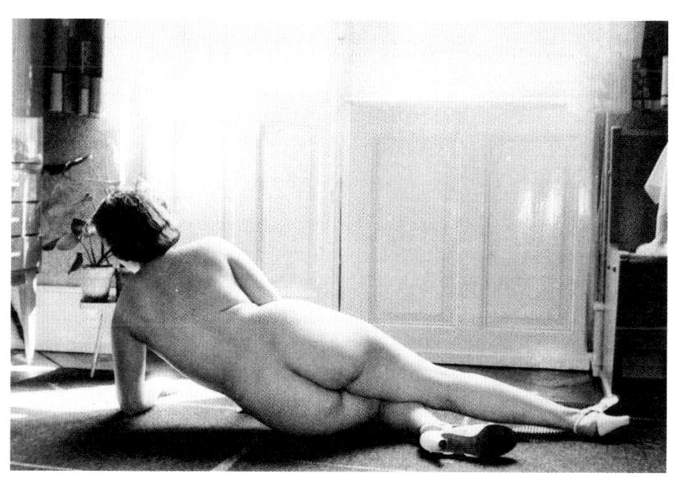

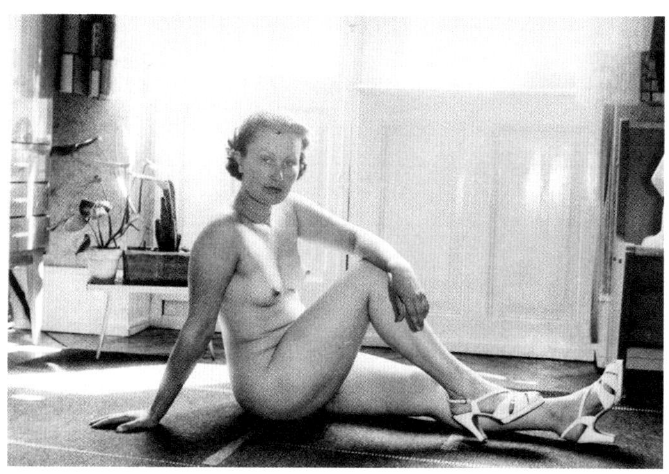

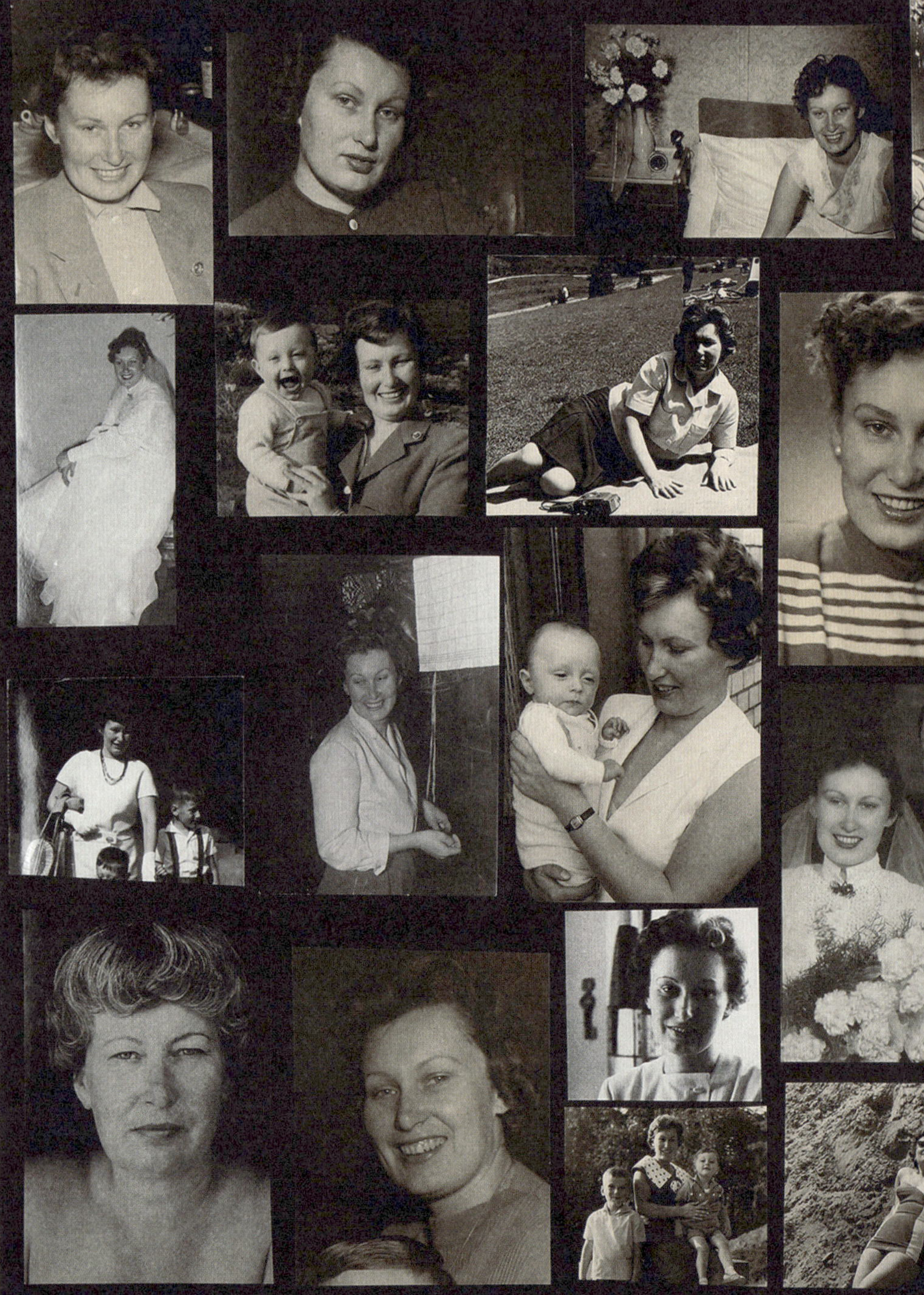

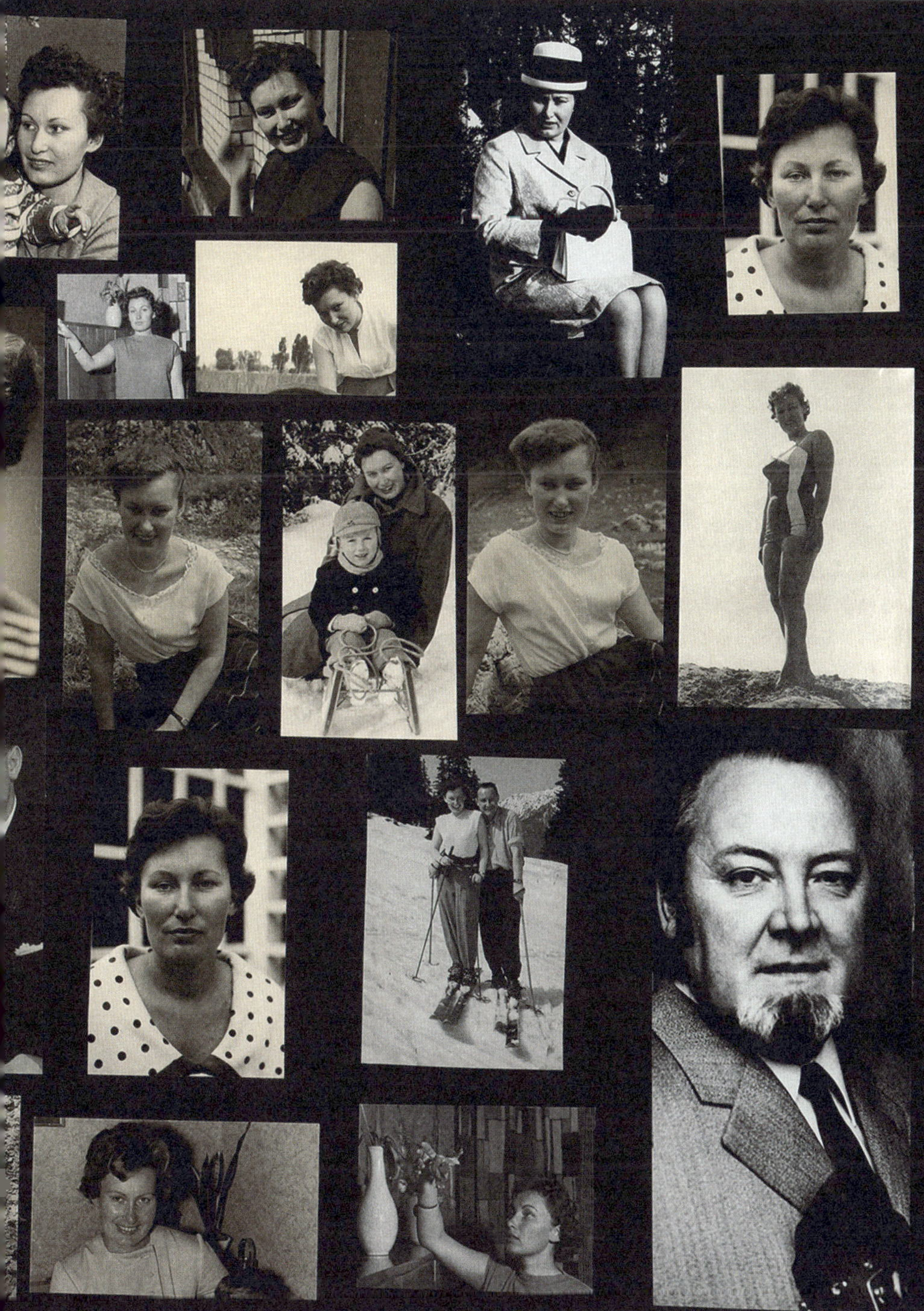

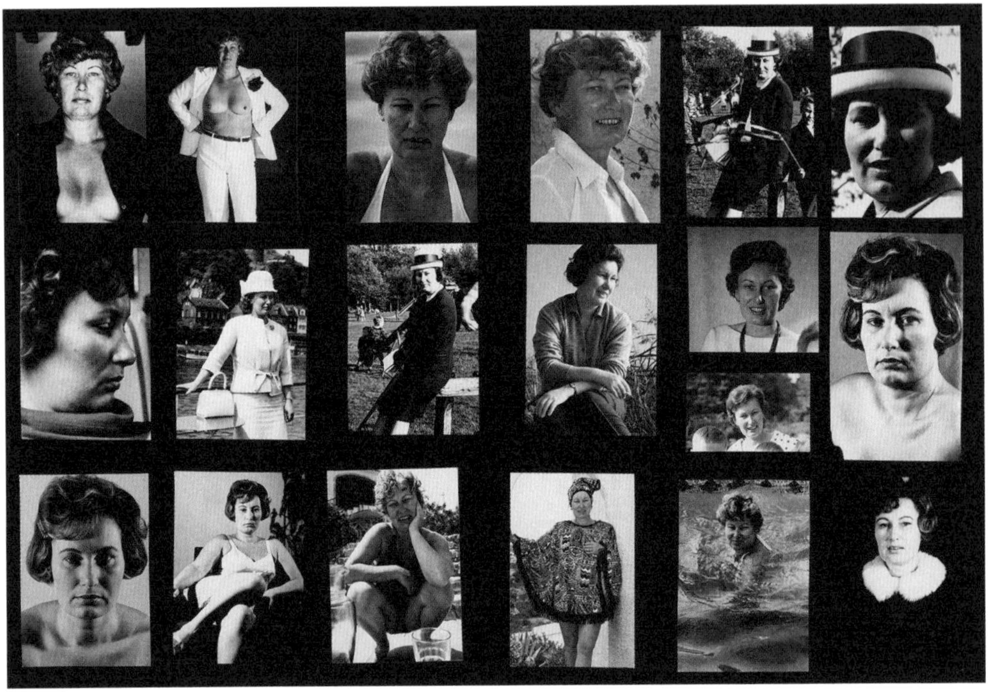

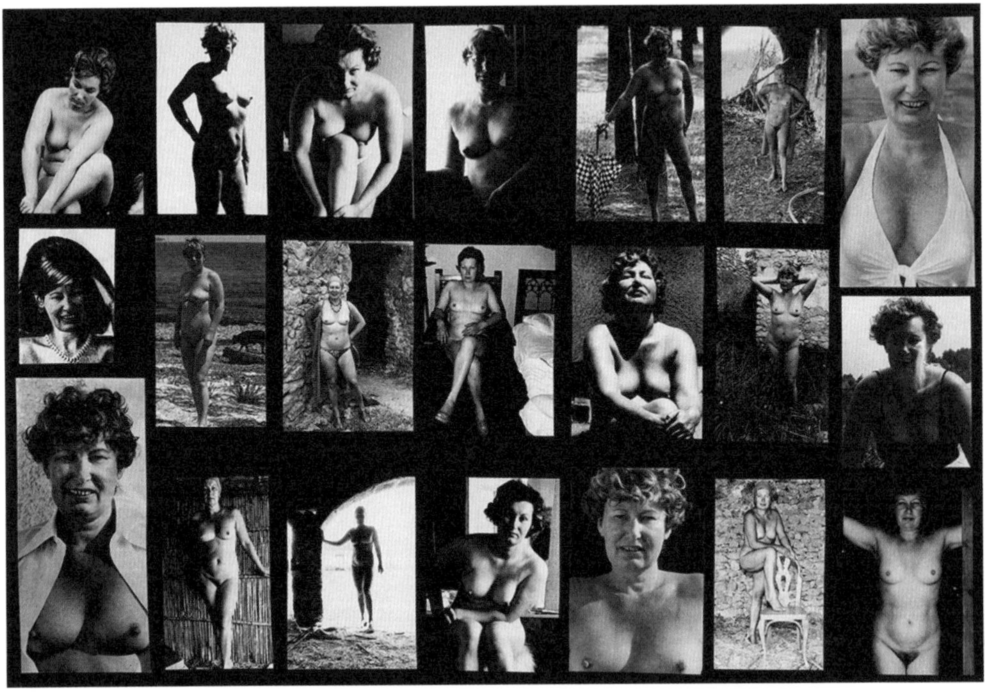

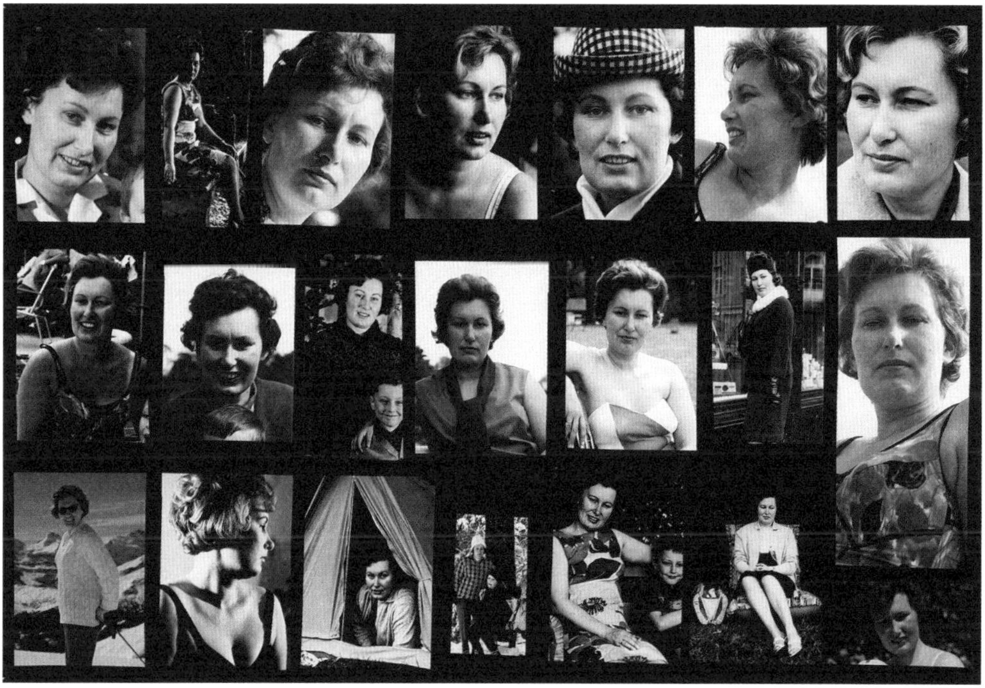

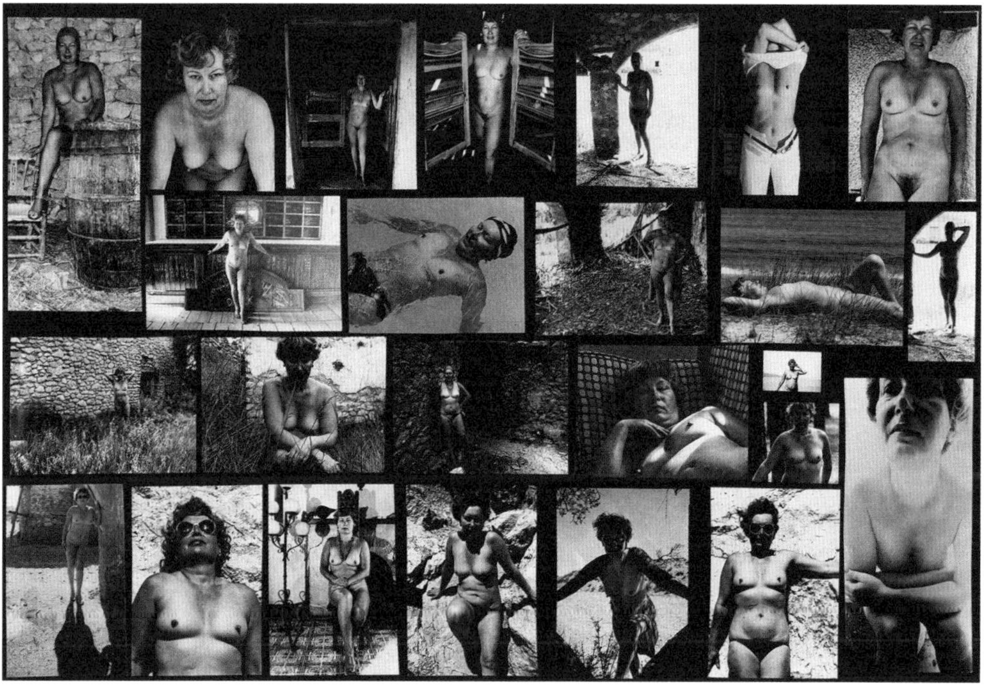

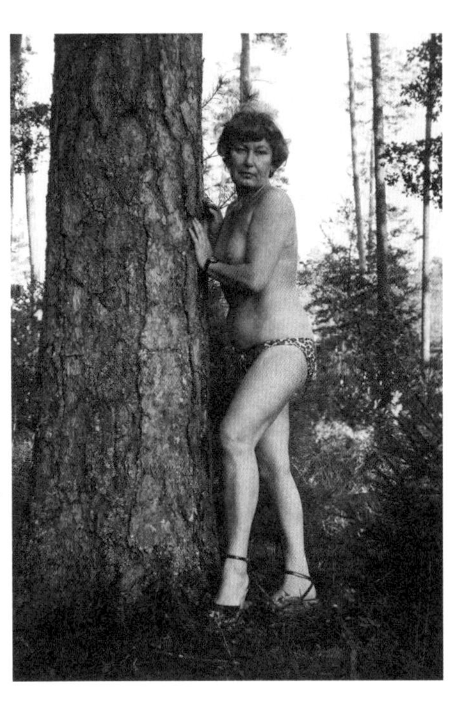

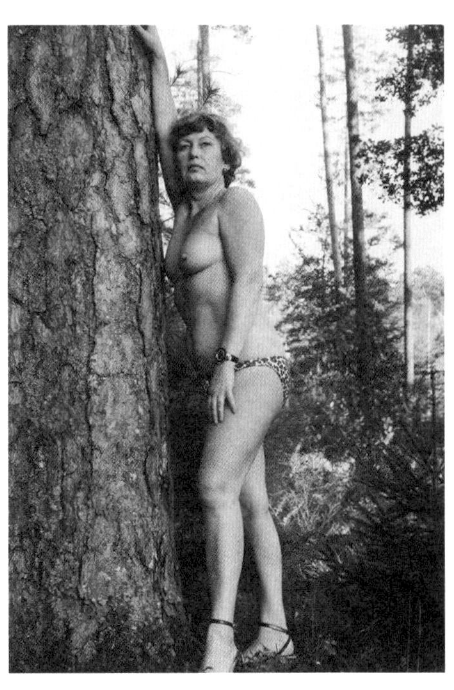

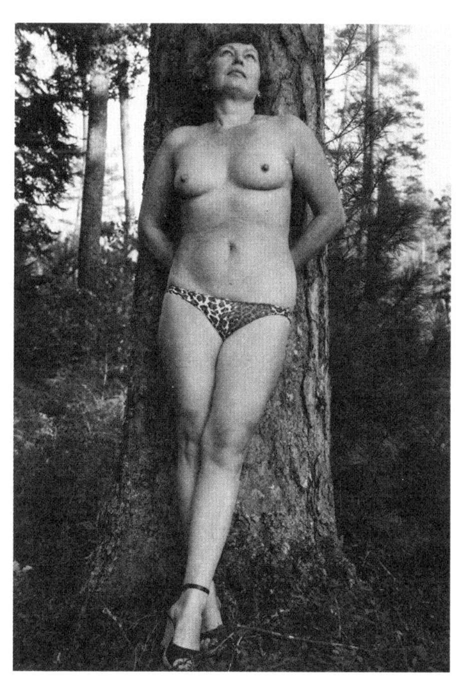

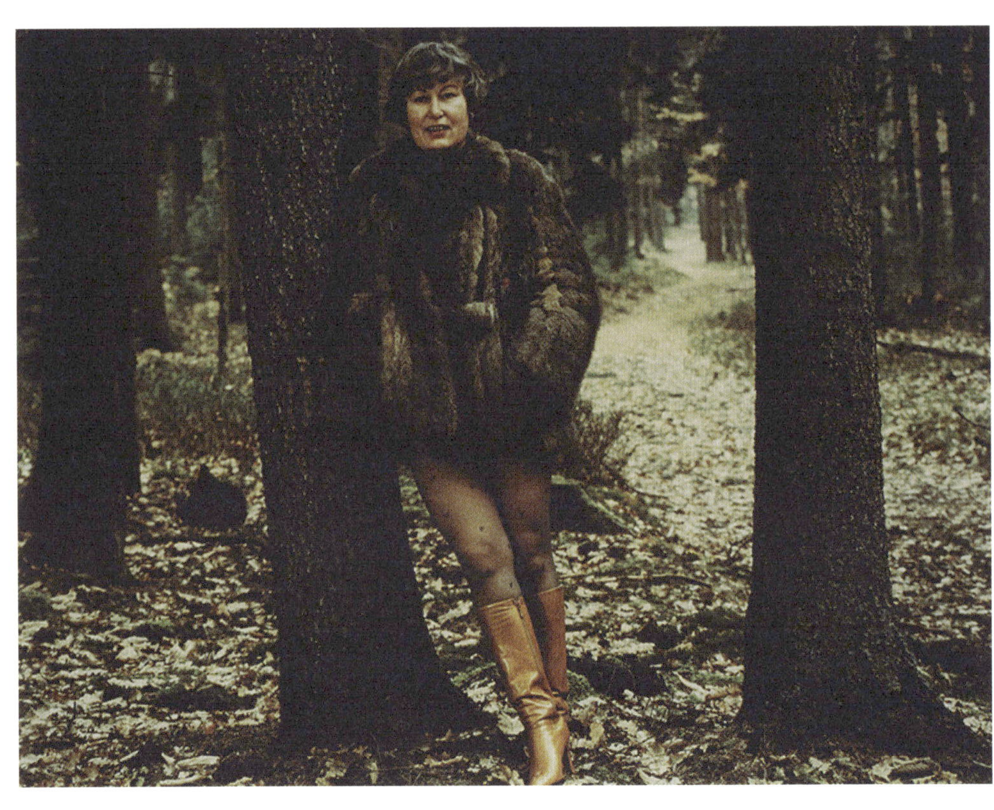

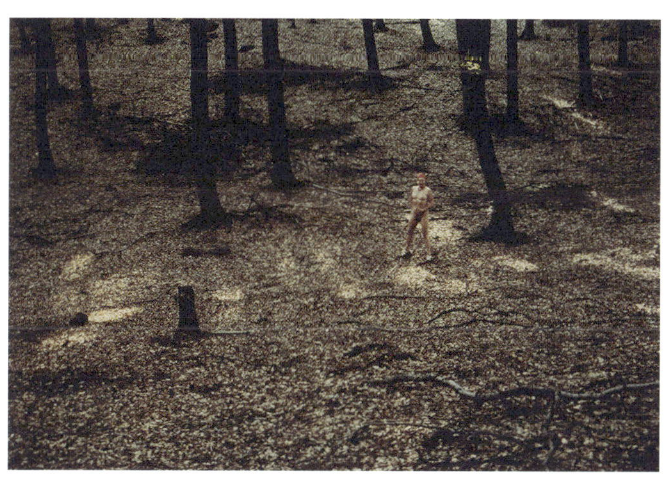

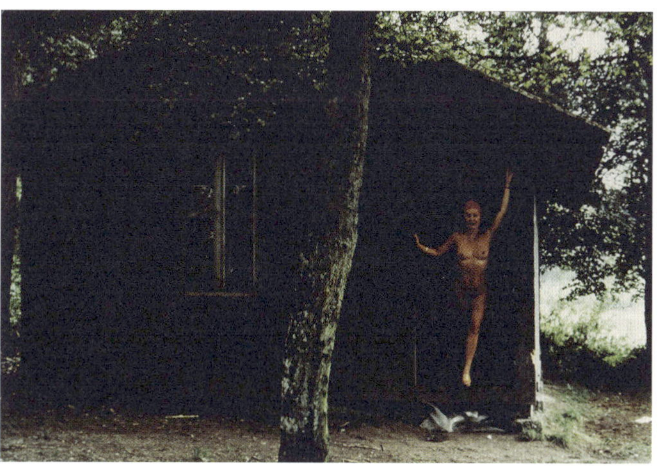

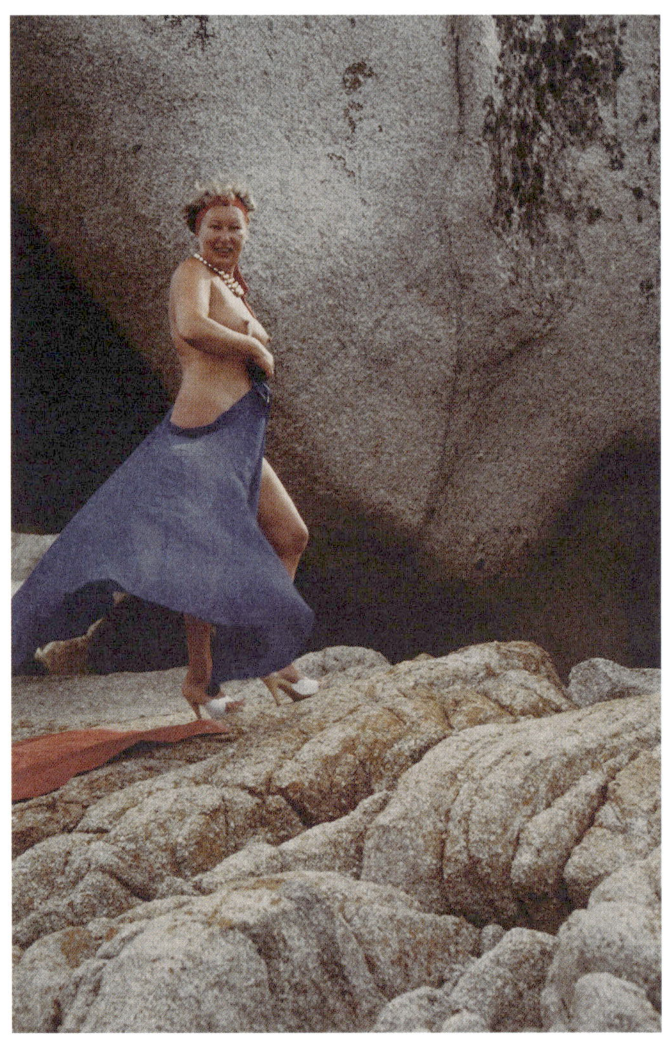

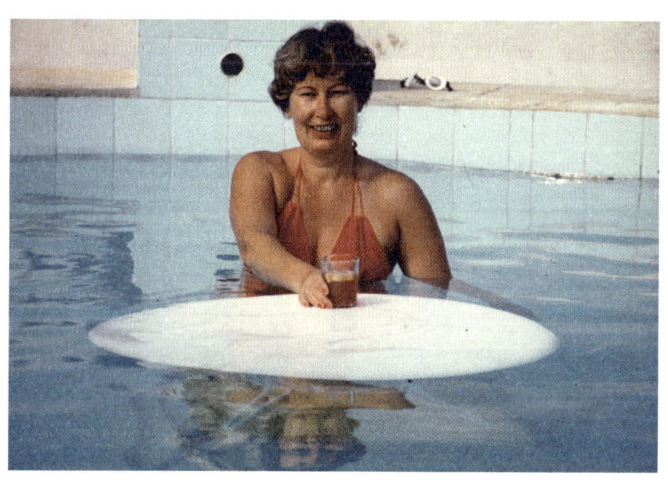

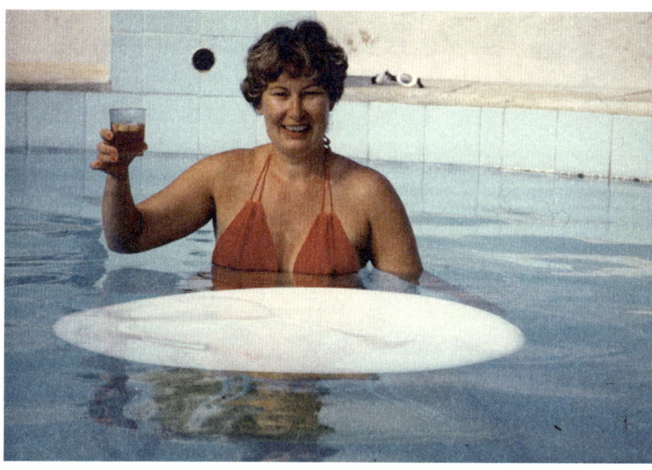

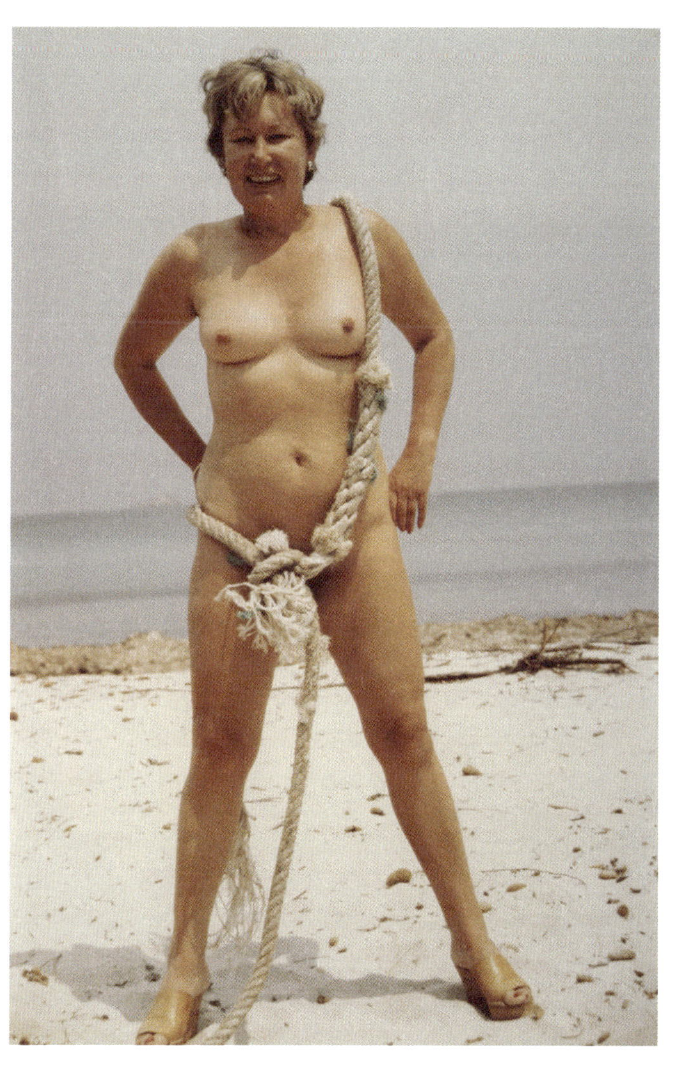

Inhaltsverzeichnis

Nr.	Datum	Tages-zeit	Blende	Bel.-zeit		
1	Apr. 54	16	2	50	Neues Leben	
2	"	"	5,6	25	Magnolien	
3	"	"	2	50	Kirschblüten	
4	Sept. 53	14	8	25	Walhalla bei Donaustauf	Gelbfilter 2
5	"	7	5,6	25	Morgensonne am Wörther Schloßeingang	
6	Apr. 55	10	11	25	Hochhaus vom Lauterberg	Gelbfilter 2
7	Mai 55	10	11	25	" 3 Wochen später	Gelbfilter 2
8	Mai 55	10	11	25	Stadtrundsicht	Gelbfilter 2
9	"	10	11	25	" "	Gelbfilter 2
10	"	10	11	25	" "	Gelbfilter 2
11	"	9	8	25	KLV Hochhaus	Gelbfilter 2
12	"	9	8	25	" "	Gelbfilter 2
13	"	8	5,6	25	Morgen am Stadtgartensee	
14	"	8	5,6	25	" " "	
15	Mai 54	9	2,8	35	Klosterkirche Maulbronn	
16	Apr. 54	14	8	50	Blühende Kirschen	
17	Jan. 54	13	5,6	100	Licht und Schatten	Gelbfilter 2
18/19	Jan. 54	14	4	25	Hochwasser im Rheinwald	
20/22	Sept. 54	Mauermann			Heimstudien	
23	Sept. 53	16	8	25	Fachwerkhaus in Sasbachwalden	
24	Okt. 53	17	8	25	Säule am Schloßplatz	
25	"	16	5,6	25	Handgeschmiedetes Schlosstor	
26	Juli 54	16	16	25	Spiegelbild	Gelbfilter 2
27	Mai 55	8	5,6	25	Morgensonne im Stadtgarten	
28	Dez. 54	K	8	1/5	Selbstporträt	
29.	Jan. 55	K	Proxar		Studie	
30	"	"	"	"	Oberammergauer Weihnachtskrippe	
31.	März 55	"	"	"	Eine Tagesration	
32	"	10	5,6	1/10	Forsythien	
33	"	K	Proxar		Magnolien	
34	Mai 55	8	8	25	Schattenspiel	
35	"	9	Prox.	25	Magnolien (Freilichtaufnahme)	
36/42	Jan. 55	15	8	25	Reportage vom Hochwassergebiet	Gelbfilter 2
43/44	Mai 55	10	8	50	Schwarze Kraniche	
45	"	10	8	50	Pinguin – Schorsch	

46	Apr. 55	12	5,6	250	Der Freßbär
47	"	"	8	50	Langeweile
48	"	"	8	50	Schwarzer Kranich
49	"	Prox	ar		Bergdohlen (Rep)
50	"	12	2,8	100	Dein Brüder
51	Zeiß	Prox	ar f	0,5	Reproduktion: H. Matz
52	"	"	"	"	" : S. Ziemann
53	"	"	"	"	" : Jazzsängerin Ella Fitzgerald (Am.)
54	"	"	"	"	" : Pin up – Vicki Martin (Engl.)
55	"	"	"	"	" : Brot u. Wein (Annual Photography)
56	"	"	"	"	" : Weißes Kreuz (Annual Photography)
57	"	"	"	"	" : Augenportrait
58	"	"	"	"	" : Brasilianerin (Annual Photography)
59	"	"	"	"	" : Sofia Loren (Ital.)
60	"	"	"	"	" : R. Vallone, M. Morgan
61	"	"	"	"	Photomontage
62	"	"	"	"	Reproduktion aus Annual Photography
63	"	"	"	"	" : M. Morgan

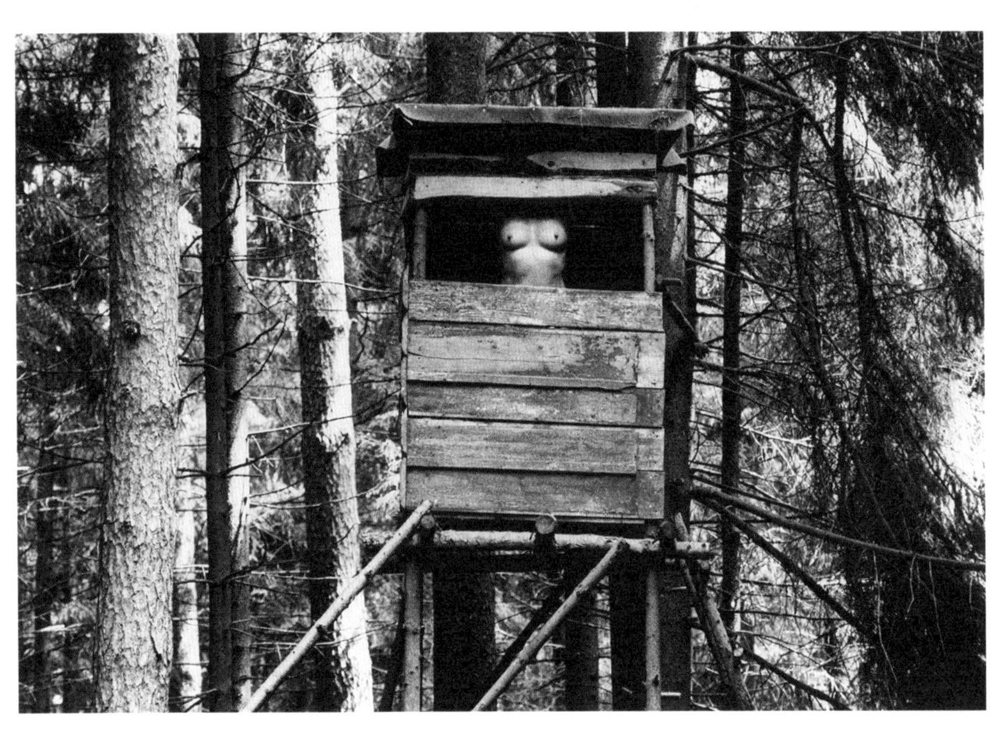

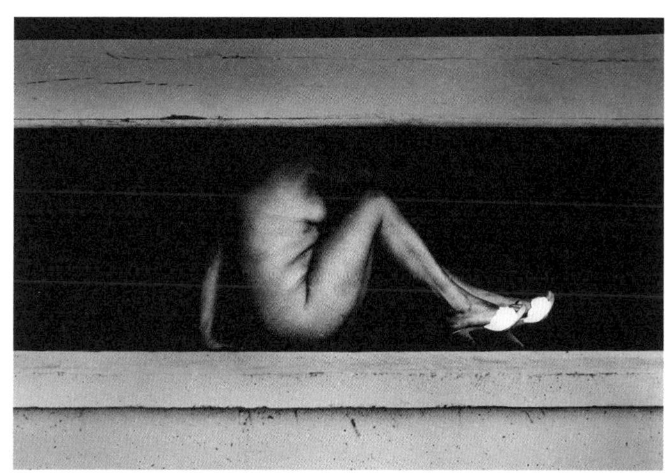

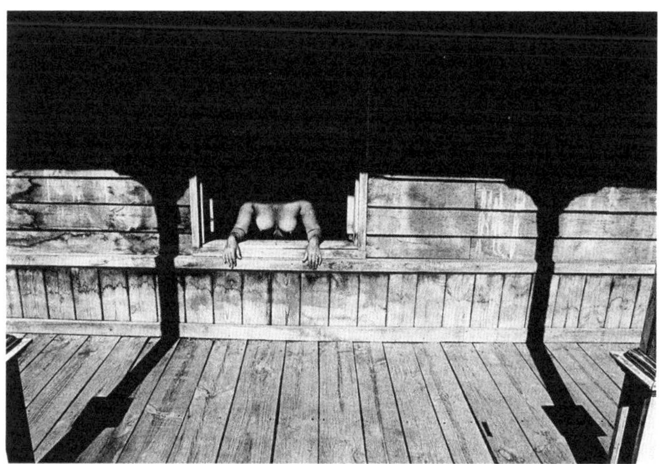

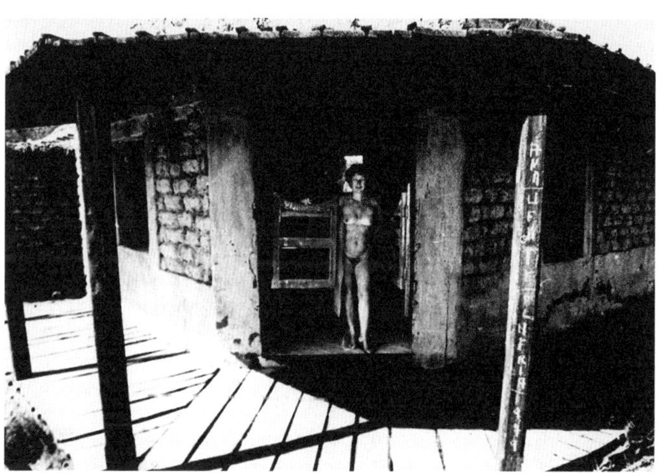

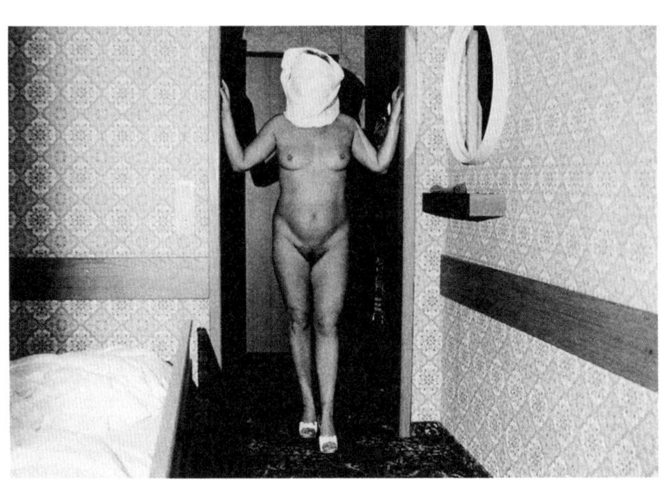

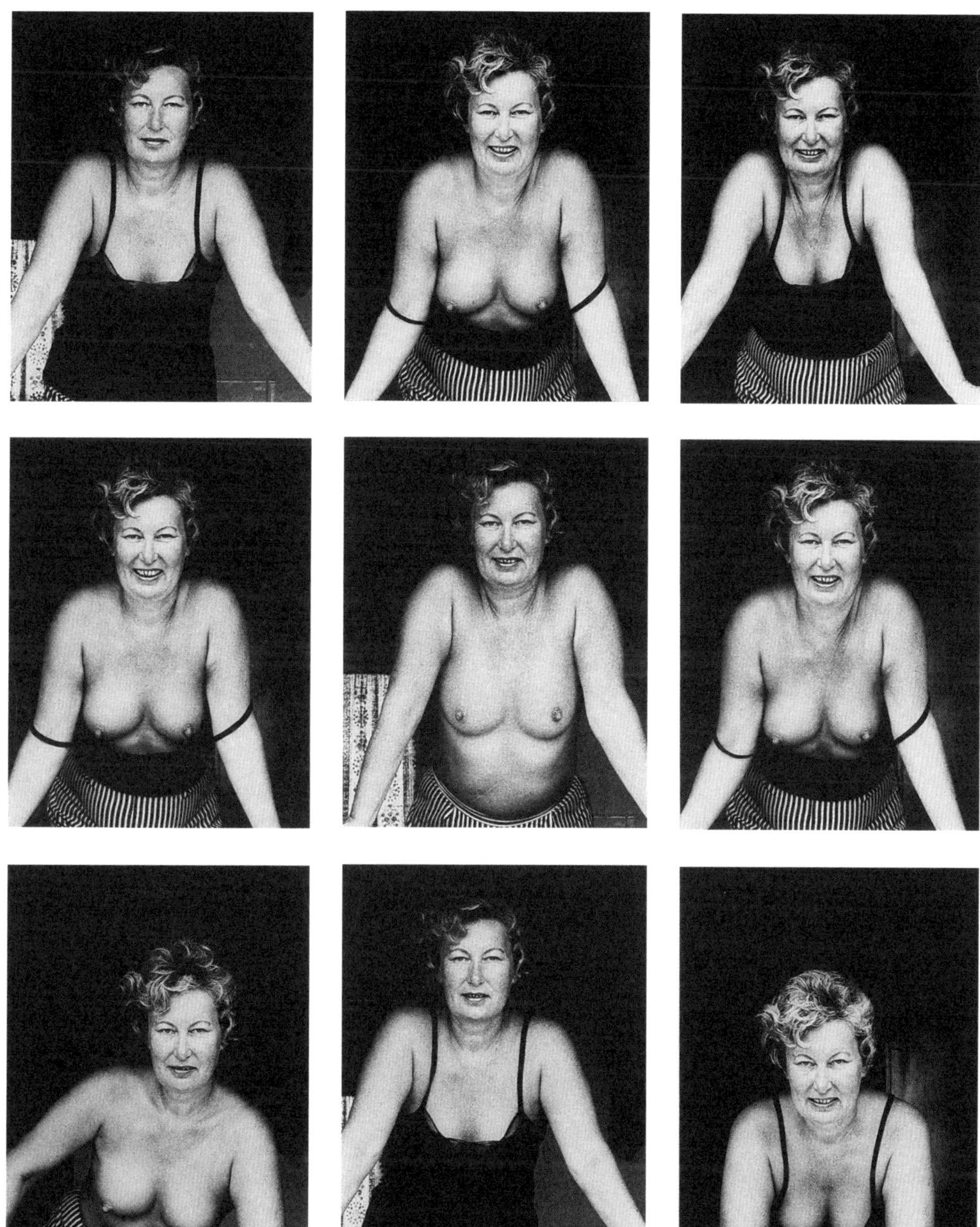

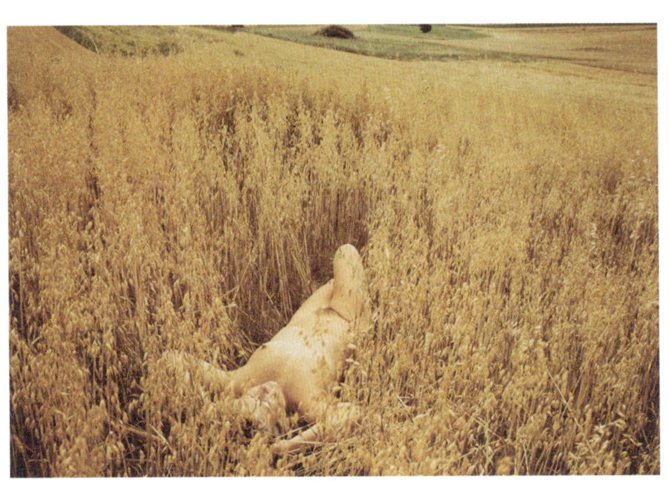

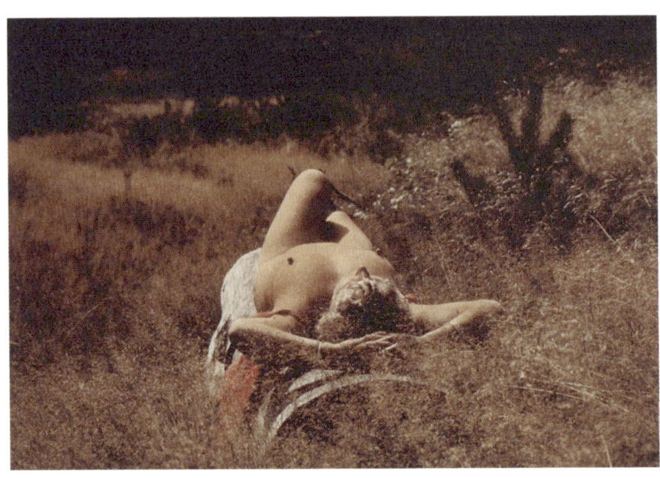

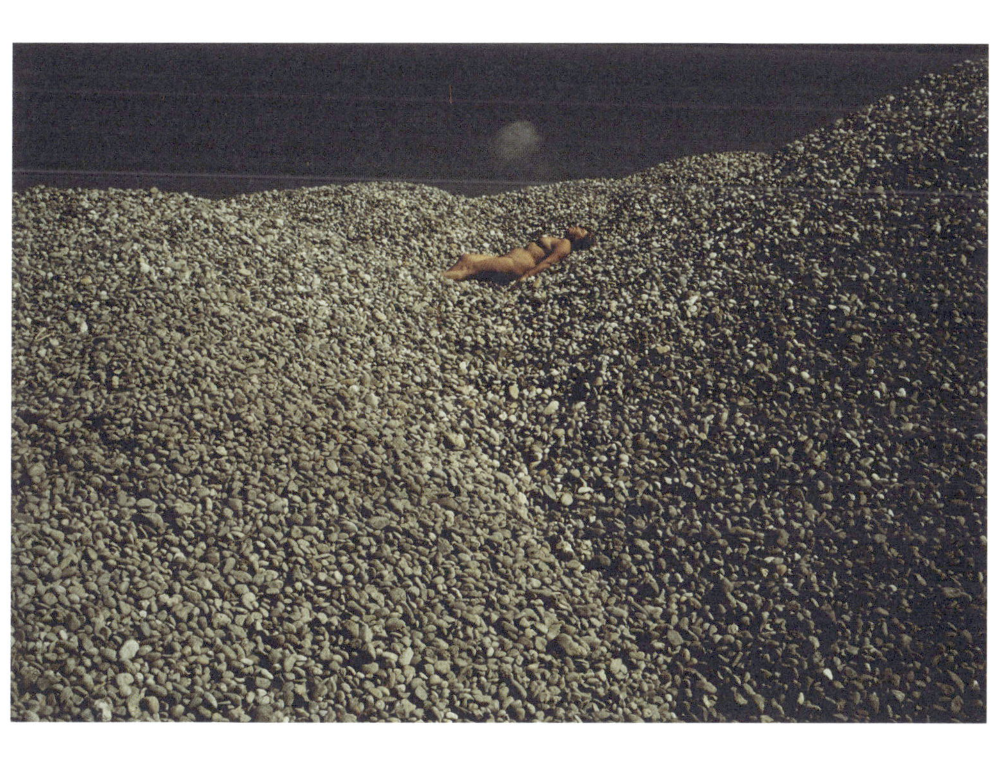

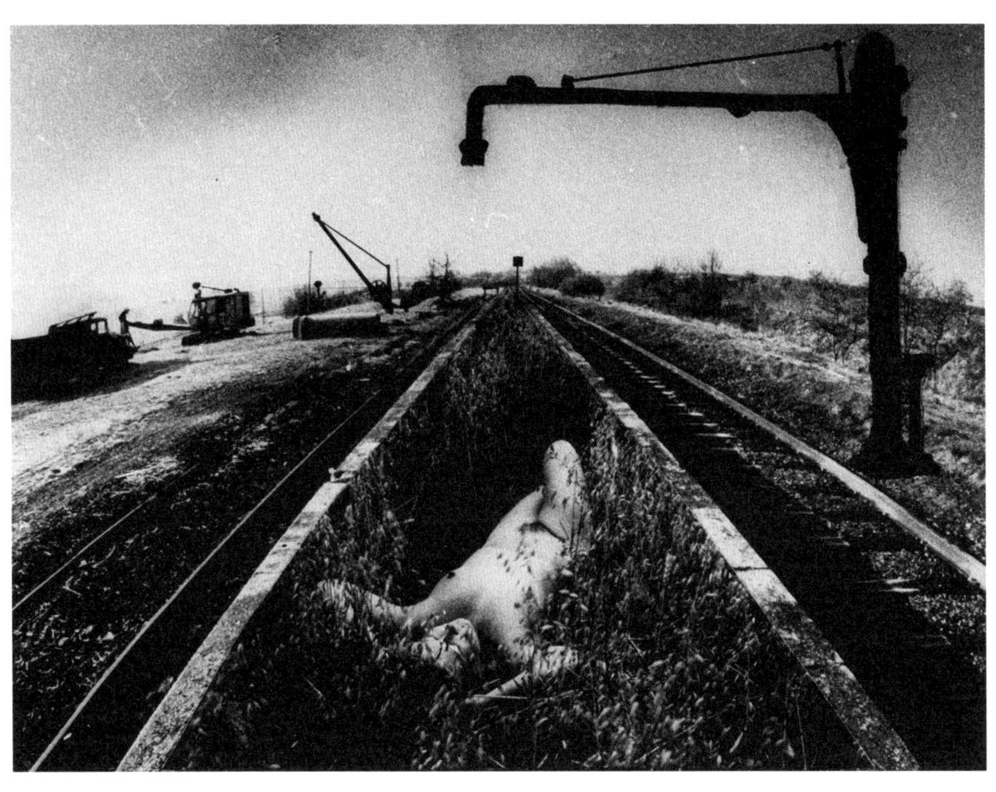

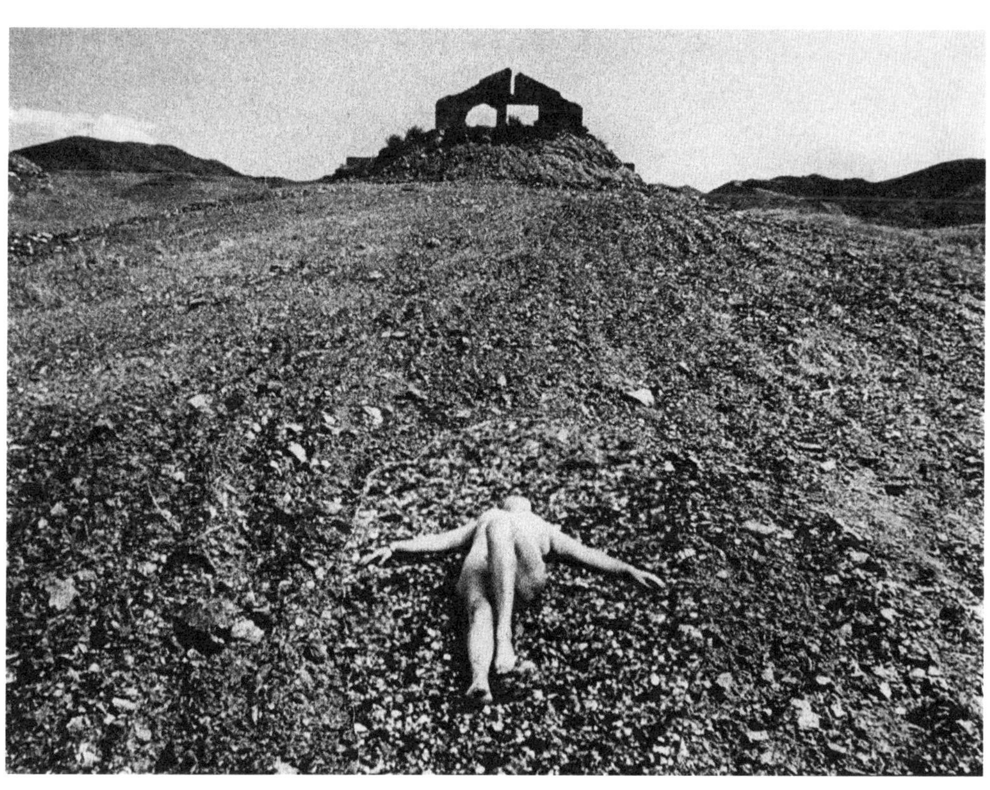

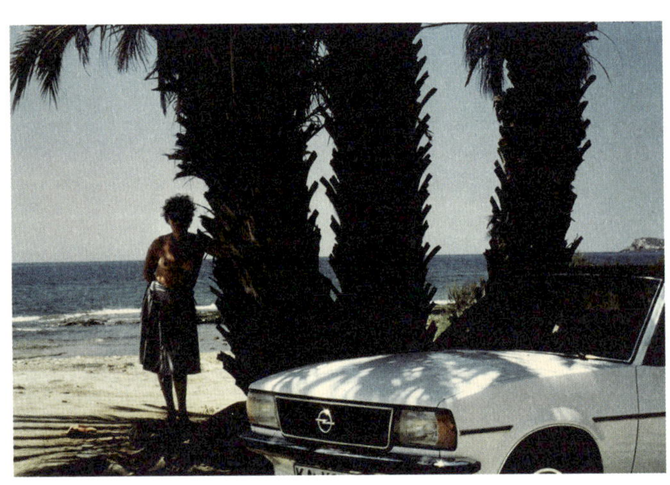

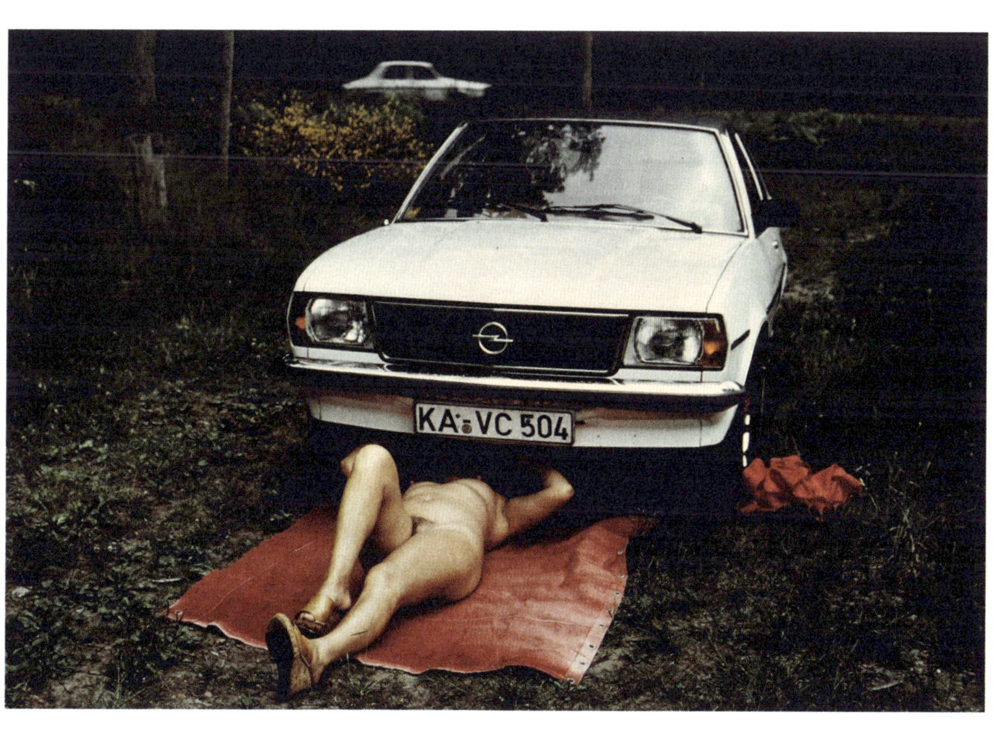
KA VC 504

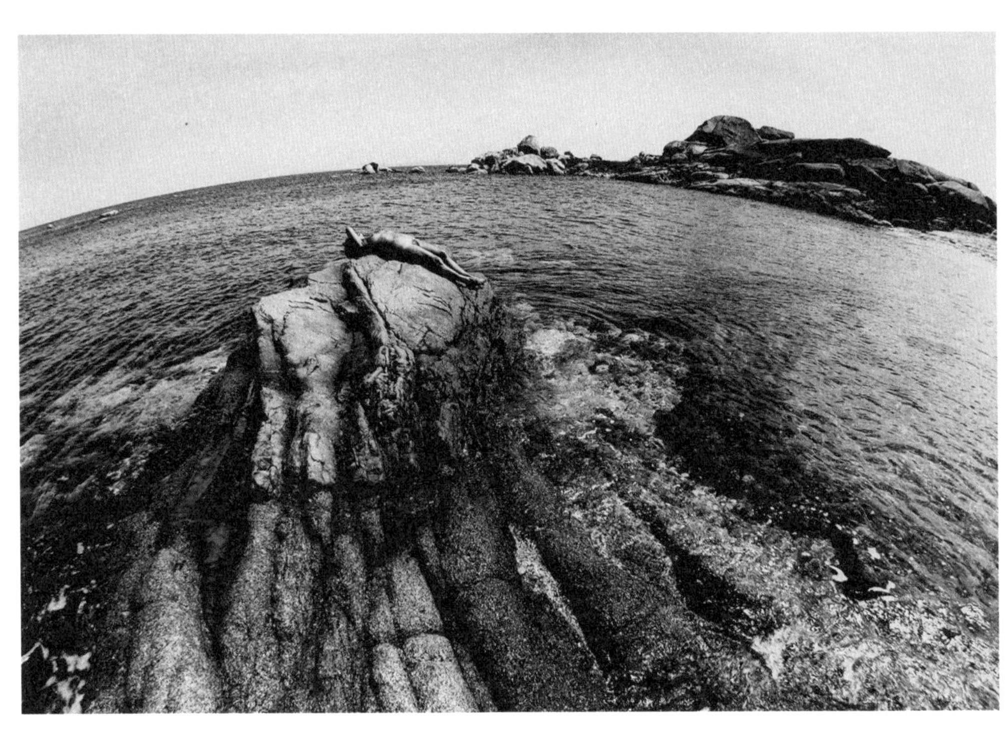

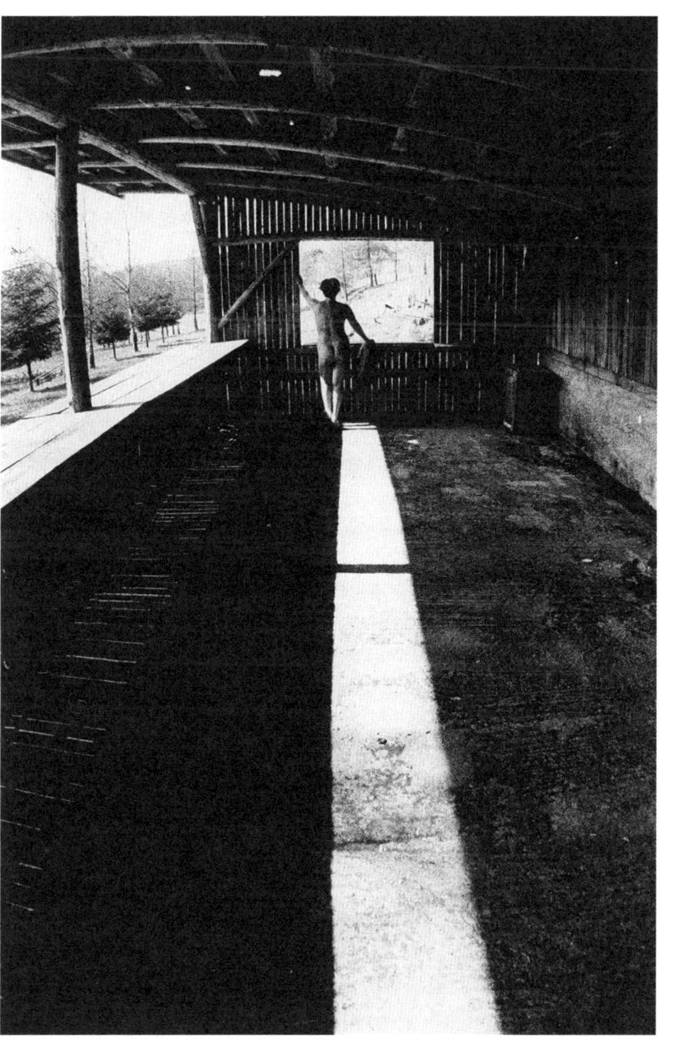

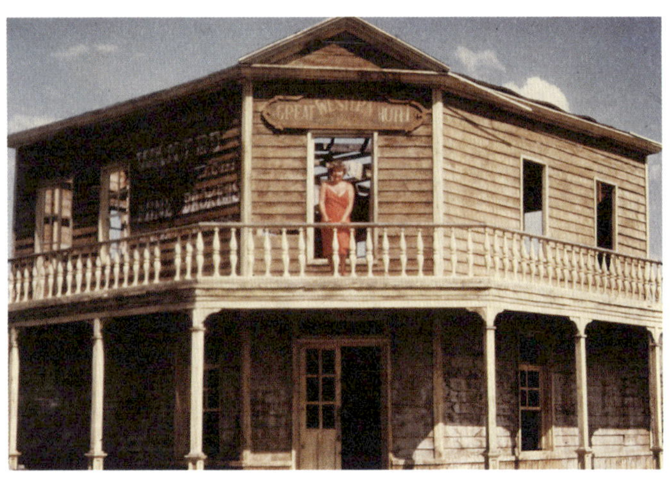

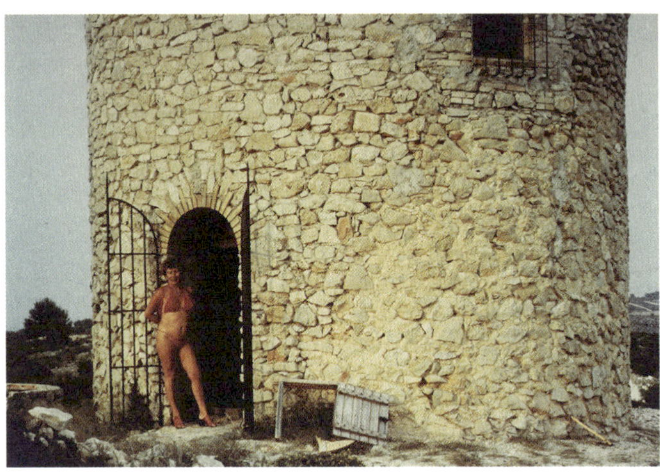

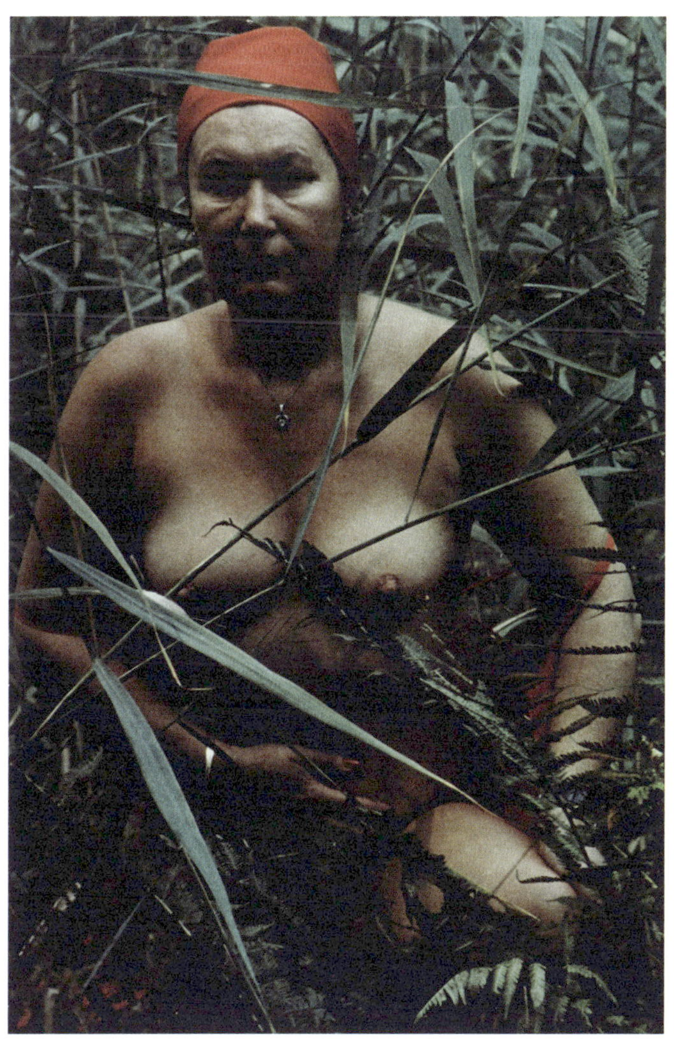

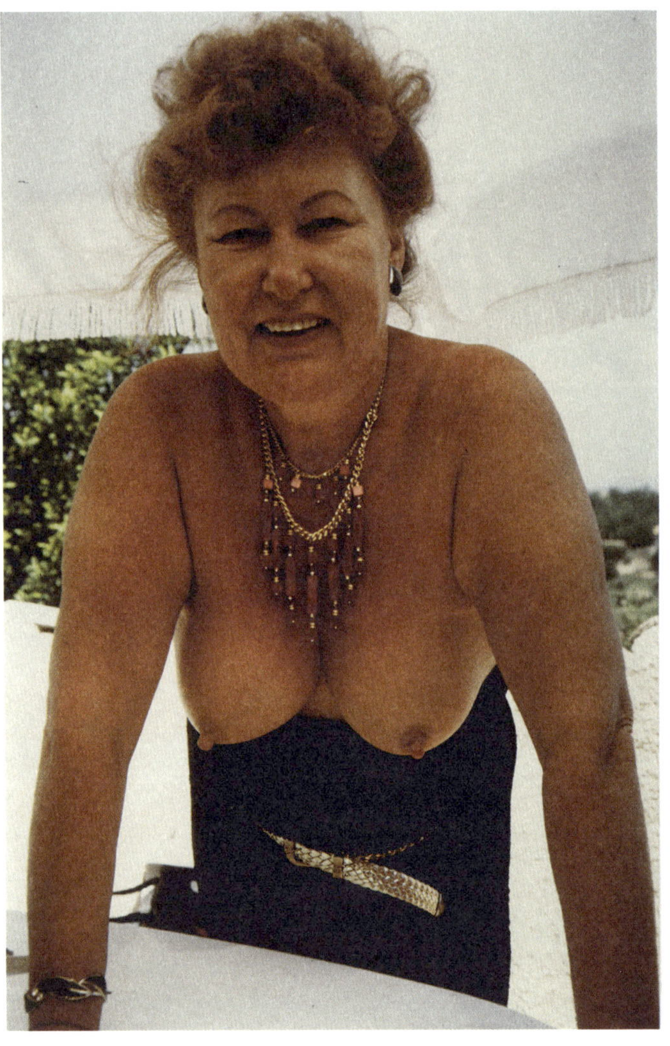

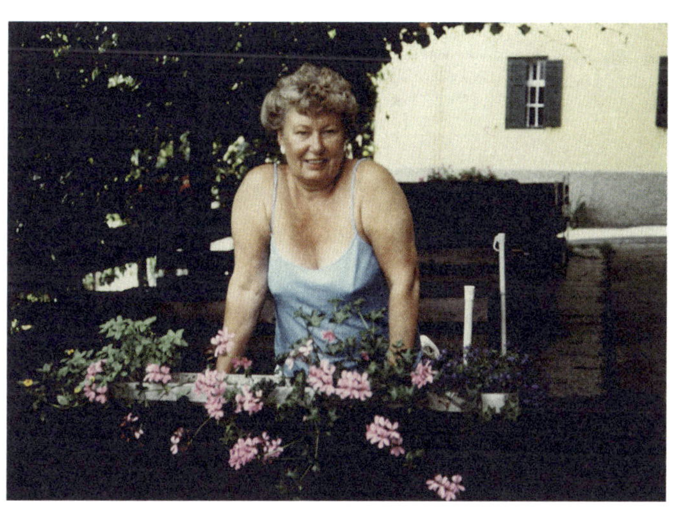

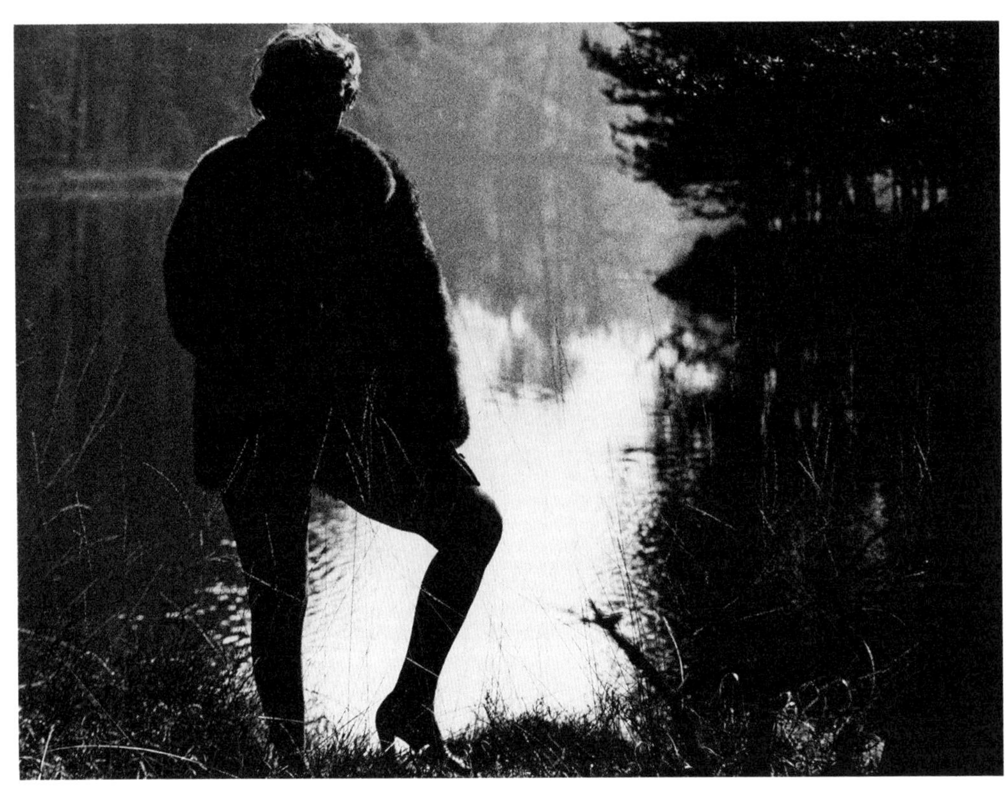

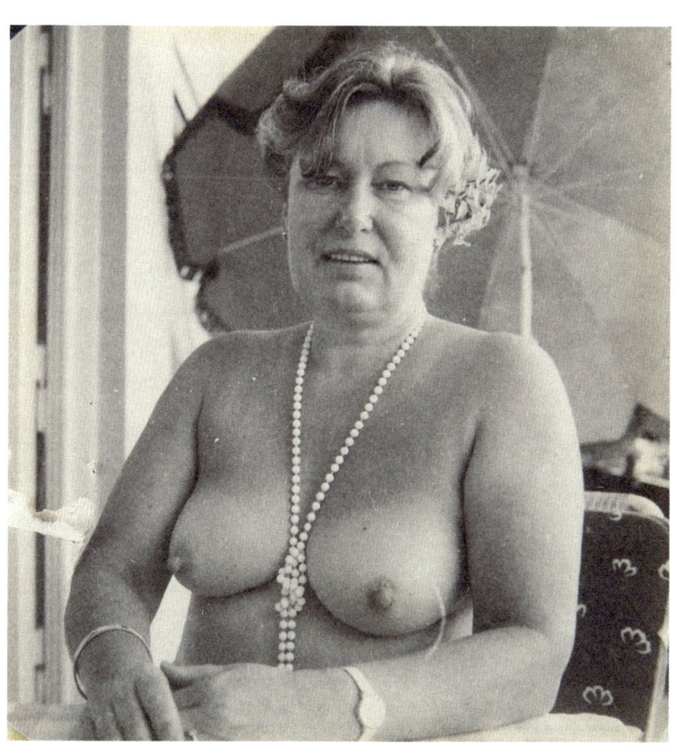

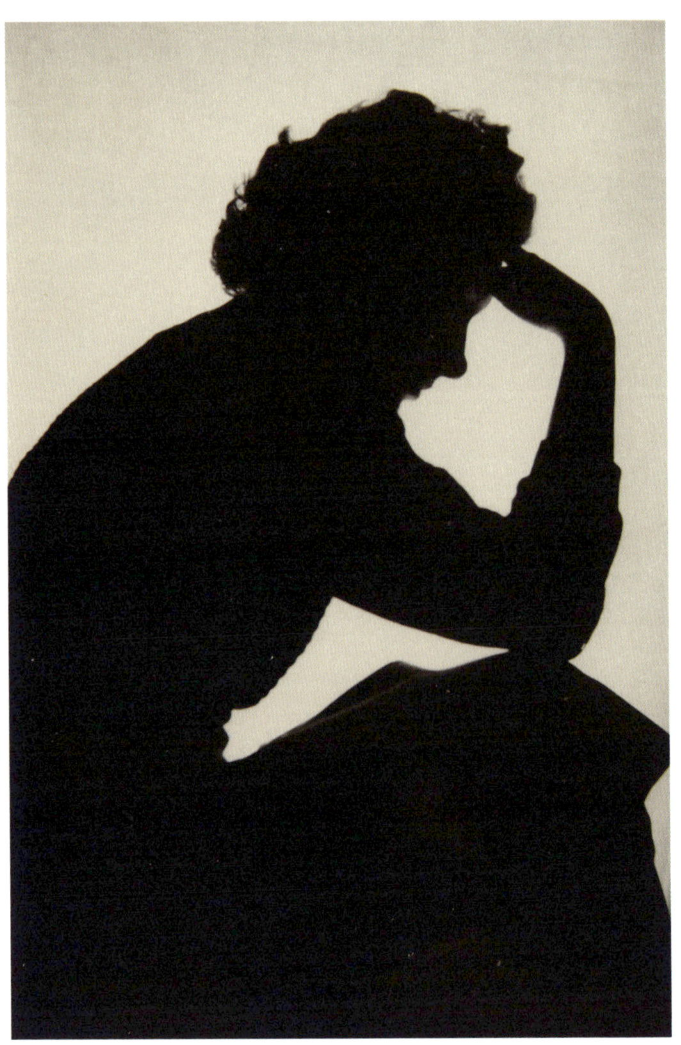

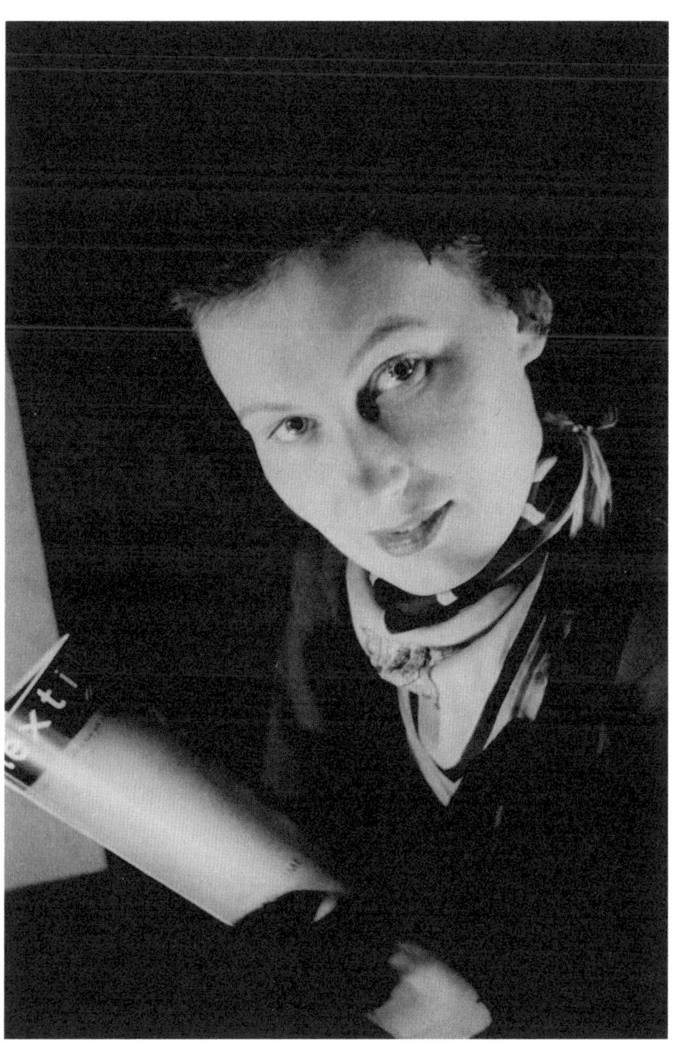

lost&found ist eine Buchreihe, in der verborgene oder verloren gegangene und wiederentdeckte Bildarchive vorgestellt werden. Sollten Sie ähnlich interessante Bilder kennen, melden Sie sich bei uns! Alle Bilder in dieser Publikation wurden nicht retuschiert.

lost&found is a book series that presents picture archives that were hidden or lost and have been rediscovered. If you are aware of similarly interesting pictures, please get in touch with us! All pictures in this publication are unretouched.

Die Publikation erscheint anlässlich der Ausstellung/This booklet is published in conjunction with the exhibition:

»Die reine Leidenschaft – Amateurfotografien von Peter Dammann, Eugen Gerbert, Axel Herrmann und Vasilii Lefter«, Opelvillen Rüsselsheim, 2. Mai – 29. Juli 2018 / May 2–July 29, 2018
www.opelvillen.de

Herausgegeben von/Edited by Beate Kemfert, Markus Hartmann

Reprofotografie/Repro-photography Frank Möllenberg

Lektorat und Übersetzung/Copyediting and translation:
Hans Georg Hiller von Gaertringen, Tas Skorupa
Gestaltung/Design: Antonia Größchen
Druck und Bindung: Druckerei Ziegler, Neckarbischofsheim
Produktion, Konzept, Verlag/Production, concept, publisher:
Hartmann Books, Rulfinger Straße 18, 70567 Stuttgart, Germany
www.hartmannprojects.com

Erste Auflage/First Edition: April 2018
Band/Volume: 1
ISBN 978-3-96070-022-7

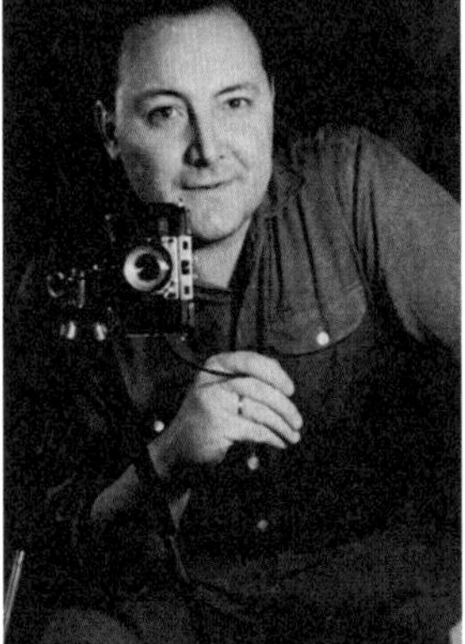

Mit freundlicher Unterstützung von/
With generous support from

Stiftung Flughafen Frankfurt/Main
für die Region

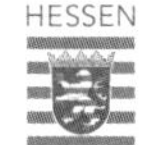